SYNDICAT GÉNÉRAL DE LA MARINE

(NAVIGATION INTÉRIEURE)

13, Quai Saint-Michel, Paris

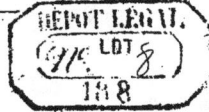

ACCIDENTS DU TRAVAIL

RAPPORT

SUR LES MODIFICATIONS PROPOSÉES

A LA LOI DU 9 AVRIL 1898

CAHORS

IMPRIMERIE G. ROUGIER

4, RUE FRÉDÉRIC SUISSE, 4

1912

SYNDICAT GÉNÉRAL DE LA MARINE

(NAVIGATION INTÉRIEURE)

13, Quai Saint-Michel, Paris

ACCIDENTS DU TRAVAIL

RAPPORT

SUR LES MODIFICATIONS PROPOSÉES

A LA LOI DU 9 AVRIL 1898

CAHORS
IMPRIMERIE G. ROUGIER
4, RUE FRÉDÉRIC SUISSE, 4
1912

SYNDICAT GÉNÉRAL DE LA MARINE
(Navigation Intérieure)

ACCIDENTS DU TRAVAIL

RAPPORT

SUR LES MODIFICATIONS PROPOSÉES
A LA LOI DU 9 AVRIL 1898

MESSIEURS,

Suivant le mandat qui vous a été confié par votre Chambre Syndicale, dans sa séance du 20 novembre, vous avez à rechercher les améliorations qu'il est devenu indispensable d'apporter à la législation actuelle sur les accidents du travail et à examiner notamment, dans ce but, les diverses propositions de modications soumises au Parlement.

Ces propositions émanent de trois sources :

1o De la Chambre des Députés où elles ont fait l'objet d'un rapport d'ensemble de M. Chauvin, au nom de la Commission d'Assurance et de Prévoyance sociales ; déposé le 16 novembre 1909, ce rapport a été repris par la Commission le 17 juin 1910, c'est-à-dire au cours de la présente législature ;

2o Du Gouvernement (projet de loi du 11 avril 1911 concernant le remboursement des frais d'hospitalisation par le chef d'entreprise) ;

3o Du Sénat (proposition de M. le sénateur Petitjean, du 21 décembre 1908).

Mais, avant de passer à l'étude détaillée de ces diverses propositions, nous croyons nécessaire de rappeler brièvement les principes essentiels de la loi du 9 avril 1898, principes qu'il importe de ne jamais perdre de vue pour traiter, d'une façon équitable et rationnelle, une matière aussi complexe que la réparation due aux ouvriers et employés-victimes d'un accident du travail.

On sait qu'avant l'application de la loi de 1898, l'ouvrier blessé dans son travail devait généralement, pour être indemnisé, faire la preuve de la faute du patron ou de ses préposés. Il en résultait que, pour tous les accidents dus à un cas fortuit — et ce sont les plus nombreux — la victime n'avait légalement droit à aucune réparation.

A ce système basé sur l'interprétation du Code civil, la loi de 1898 a, dans une pensée d'apaisement social et d'équité, substitué la théorie du risque professionnel, qui a été ainsi formulée : « toute exploitation au service de laquelle un accident se « produit doit réparer cet accident » et les indemnités allouées à cet effet doivent rentrer dans les frais généraux de l'entreprise et c'est, par conséquent, au chef d'industrie d'en supporter la charge.

Une autre idée a pénétré le législateur de 1898 et a dominé l'ensemble des dispositions qu'il a édictées : le risque professionnel est une transaction, un compromis. « Le risque « professionnel, dit M. Cheysson, constitue une sorte de transaction entre les parties « qui, dans une matière où leur droit est obscur, renoncent à profiter de certains « avantages pour ne pas se voir opposer certains droits. »

De ce second point il résulte que, non-seulement les cas fortuits, mais encore la faute légère de l'ouvrier, rentrent dans le domaine d'application de la loi de 1898, que sa faute lourde elle-même ne supprime pas tout droit à l'indemnité, que l'ouvrier n'a jamais droit à la réparation intégrale du dommage occasionné par l'accident, même en cas de faute lourde du patron, que seule enfin est exclue la faute intentionnelle, soit de l'ouvrier, soit du patron, cette dernière tombant d'ailleurs généralement sous le coup de la loi pénale.

M. Poirrier a excellemment défini, au Sénat, le système adopté, en disant : « la loi a « un caractère transactionnel, car si d'une part elle fait supporter par le chef « d'entreprise le préjudice causé à la victime sans rechercher les causes de l'accident, « d'autre part elle ne met à la charge du patron qu'une partie du dommage. »

Ainsi qu'il a été expressément déclaré à maintes reprises, au cours des travaux parlementaires, le risque professionnel, qui est le pivot de la loi 1898, exclut l'idée d'un simple secours ou d'une assistance. Il s'agit de réparer un préjudice réel, et non de soulager, par raison d'humanité, des infortunes et des misères.

Il convient de remarquer aussi que l'idée du risque professionnel a été singulièrement élargie depuis 1898. On avait pensé ne l'appliquer tout d'abord qu'à la grande industrie, en la considérant comme une conséquence du développement du machinisme ; puis, dans l'élaboration même de la loi de 1898, elle a été étendue à la plupart des entreprises industrielles, y compris les *entreprises de transports* par fer et *par eau*, de *chargement* et de *déchargement*. Enfin, la loi du 12 avril 1906 l'a appliquée à toutes les exploitations commerciales et M. Jouanny a pu dire avec raison qu'elle est devenue « le corollaire légal de tout contrat de louage de services, » que « les éléments « constitutifs du risque professionnel s'étendent partout où le salarié travaille sous les « ordres et pour les besoins du chef d'entreprise. »

Le domaine d'application de la loi sur les accidents du travail ayant été considérablement élargi, les charges du patronat se sont, du même coup, accrues dans de notables proportions et elles n'ont pas peu contribué à augmenter le prix de la vie en général et la classe ouvrière elle-même, en tant que consommateur, en subit aujourd'hui forcément la répercussion. L'incidence des lois sociales n'est plus à démontrer et, si nous croyons devoir la rappeler, c'est simplement pour que, dans les réformes qu'il nous propose, le législateur n'oublie pas que le meilleur moyen d'atteindre pleinement son but d'apaisement et de justice, consiste à observer certaines règles de prudence et à rechercher un équilibre raisonnable, plutôt que la justice absolue.

Si certaines modifications apportées aux dispositions premières par les lois du 22 mars 1902 et du 31 mars 1905, ont produit dans l'ensemble des résultats fâcheux et appellent une prompte réforme, cela tient, comme nous le verrons par la suite, à ce que le législateur s'est affranchi de ces principes fondamentaux.

Sous le bénéfice de ces observations, passons maintenant à l'examen des diverses propositions que nous grouperons sous les cinq rubriques suivantes :

I. — *Nouvelles garanties quant à l'importance ou aux conditions d'exigibilité des indemnités ;*

II. — *Frais d'hospitalisation ;*

III. — *Questions de procédure ;*

IV. — *Protection des victimes d'accidents contre les entreprises des tiers ;*

V. — *Contrôle des avantages consentis au corps médical.*

I. — Nouvelles garanties quant à l'importance ou aux conditions d'exigibilité des indemnités.

1º SUPPRESSION DU DÉLAI DE CARENCE

D'après la loi de 1898, art. 1er, les accidents du travail donnent droit à une indemnité, au profit de la victime ou de ses représentants, à la condition que l'interruption de travail ait duré plus de quatre jours et l'article 3 précisait, en outre, que l'indemnité du demi salaire journalier serait due à partir du cinquième jour. On avait voulu ainsi affirmer et consacrer une fois de plus, par cette franchise de 4 jours, le caractère transactionnel de la loi, notamment pour les accidents dont les conséquences auraient une durée limitée. L'adoption d'un pareil délai constituait aussi une garantie contre la simulation. Mais la loi du 31 mars 1905 a établi une nouvelle distinction, en disposant que « toutefois l'indemnité est due à partir du premier jour si l'incapacité de travail a duré plus de dix jours. »

Personne ne peut nier les abus auxquels a donné lieu l'application de cette clause. Par suite de la complaisance de certains médecins, une proportion considérable de petits accidents ont été abusivement prolongés au-delà de 10 jours pour la durée du traitement et la reconnaissance de l'incapacité de travail. Tout le monde reconnaît aujourd'hui la nécessité de mettre fin à cette situation déplorable, qui constitue une lourde charge pour le Commerce et l'Industrie. A cet égard, nous devons rappeler que le Sénat n'avait admis qu'à regret la modification de l'article 3 et voici comment s'exprimait son rapporteur, M. Chovet, pour repousser la proposition : « C'est avec raison « que, sous l'empire de la loi de 1898 l'indemnité journalière n'est point payée à la « victime pendant les 4 premiers jours....... Faire remonter le paiement de l'indem- « nité au premier jour constituerait une innovation extrêmement regrettable, aggra- « vant d'au moins 25 0/0 les charges du chef d'entreprise. La loi de 1898 ainsi modifiée

*

« ne conserverait plus rien de sa base forfaitaire et transactionnelle ; elle nous ramè-
« nerait, au contraire, au principe d'une loi d'assistance publique. » L'expérience n'a
que trop pleinement justifié ces appréhensions et si le législateur veut sincèrement
contribuer à réaliser l'apaisement social, il ne doit pas hésiter à revenir purement et
simplement au texte de 1898, c'est-à-dire au rétablissement du délai de carence de
4 jours pour tous les accidents ayant entraîné une incapacité de travail.

C'est dire que nous ne pouvons admettre aucunement les propositions de MM.
Basly et Lebrun, bien qu'acceptées par la Commission de la Chambre, propositions qui
tendent à la suppression de tout délai de franchise. Singulière façon, en vérité, de
remédier à un abus universellement reconnu que d'en faciliter la généralisation !
Nous ne voyons vraiment pas comment, dans la pratique, on pourrait empêcher un
ouvrier peu scrupuleux de prétexter un léger accident pour prendre un repos de 24 ou
de 48 heures, aux frais de son patron.

Quant à l'argumentation de M. Chauvin sur ce point, elle est des plus tendancieu-
ses, car elle adresse à la loi de 1898 un reproche qui ne vise que la loi de 1905. « En
« fin de compte, dit-il, la disposition évidemment injuste édictée en 1898 comme une
« précaution prise au profit du patronat contre les simulateurs manque son but et se
« retourne le plus souvent contre les intérêts qu'elle devrait protéger, de sorte que
« n'ayant jamais été équitable, ni humaine, elle n'est même plus utile. »

Ce que le rapporteur considère comme une injustice, n'était que le résultat de la
transaction loyale de 1898. Ce qui est inique, c'est le moyen mis inconsidérément par
la loi de 1905 entre les mains de l'ouvrier pour se dérober à sa quote-part de sacrifice
dans la réparation du préjudice causé par l'accident.

2º PARENTS A LA CHARGE DE LA VICTIME.

L'art. 3, cédule C, dispose que « si la victime n'a ni conjoint, ni enfant dans les
« termes des § A et B, chacun des ascendants et descendants qui étaient à sa
« charge, recevra une rente viagère pour les ascendants et payable jusqu'à 16 ans pour
« les descendants. Cette rente sera égale à 10 0/0 du salaire annuel de la victime, sans
« que le montant des rentes ainsi allouées puisse dépasser 30 0/0 ».

M. Defontaine voudrait que le droit à la rente pour les père et mère ne fût soumis
à aucune condition, que les petits-enfants à la charge de la victime ne fussent pas
exclus et qu'à cet effet, une rente de 10 0/0 jusqu'à 16 ans leur fût servie, sans que le
montant total puisse dépasser 15 0/0 du salaire annuel de la victime. Allant plus loin
encore, M. Ferri de Ludre demande que ce droit soit accordé aussi à tous les ascendants de la victime, sans qu'ils aient à fournir les justifications actuellement exigées.

La Commission de la Chambre des Députés a adopté toutes ces extensions nouvelles en faveur de la famille des victimes, Nous ne pouvons, quant à nous, partager une
manière de voir qui aboutirait à dénaturer la loi de 1898 en la transformant, contre la
volonté de ses auteurs, en une loi d'assistance publique et nous estimons que la
Chambre de Commerce de Paris a eu pleinement raison de s'élever, comme elle l'a fait
par l'organe de son rapporteur, contre la tendance de la Commission à élargir déme-
surément le cadre de la loi des accidents du travail.

Comme l'a fait remarquer M. Jouanny, de semblables extensions feraient disparaître l'idée d'une réparation transactionnelle et forfaitaire, c'est-à-dire la base même de la législation actuelle. Il reste donc indispensable que les père et mère, pour avoir droit à la rente prévue par l'art. 3, prouvent qu'ils étaient à la charge de la victime, et que, pour obtenir la réparation du préjudice résultant pour eux de la mort de la victime, ils commencent par établir la réalité de ce préjudice. Mais il nous paraît inconcevable que, d'une façon ou d'une autre, aucun héritier de l'ouvrier décédé à la suite d'un accident de travail, cet héritier fût-il son père ou sa mère, puisse en tirer profit et c'est pourquoi la loi de 1898 a très judicieusement tracé, pour l'allocation des rentes, les mêmes limites que le Code Civil pour la pension alimentaire et les obligations familiales.

Si le Parlement franchissait ces limites, il tomberait dans l'arbitraire et nous ne craignons pas de le répéter, ferait perdre à la loi son caractère essentiellement réparateur.

Dans le même ordre d'idées, nous ne verrions pas d'inconvénient à accepter, par contre, la proposition de M. Defontaine visant le cas d'un accident mortel survenu à un ouvrier qui laisse sa femme enceinte. M. Defontaine demande de faire intervenir, dans ce cas, pour le calcul de la rente, l'enfant déjà conçu, lorsqu'il naîtra viable et d'en faire remonter les arrérages au jour de la cessation de l'indemnité temporaire. On peut seulement se demander si un amendement est bien nécessaire à cet effet, la jurisprudence étant déjà entrée dans cette voie, par une interprétation du Code Civil à laquelle on ne peut que souscrire.

3° FRAIS DE DÉPLACEMENT.

M. Defontaine est aussi l'auteur d'un amendement adopté par la Commission, tendant à accorder son plein salaire à l'ouvrier victime d'un accident du travail, qui se déplace à l'occasion de l'application de la loi de 1898.

La Commission est obligée de reconnaître que, là encore, elle porte atteinte au caractère forfaitaire de la loi ; mais elle s'en console aisément à la pensée qu'elle remplira un devoir d'humanité, les déplacements devant le juge ou devant le médecin expert exigeant, de la part de l'ouvrier, de lourdes dépenses auxquelles sa maigre indemnité de demi-salaire ne peut suffire.

Nous pensons, avec la Chambre de Commerce de Paris, que le paiement du salaire intégral serait, dans ces conditions, une assistance à peine déguisée. Nous admettrions à la rigueur l'indemnisation sur pièces justificatives et dans des cas limitativement déterminés, sur les mêmes bases et dans la même forme que pour les témoins. L'avance des frais devrait être faite par le Trésor, au même titre que pour les frais de procédure dans l'assistance judiciaire.

4° ALLOCATION DU DEMI-SALAIRE ET DES FRAIS MÉDICAUX
PENDANT LA PÉRIODE DE REVISION APRÈS OBTENTION DE LA RENTE.

La Commission a accepté une proposition de M. Leboucq, ayant pour objet de faire suspendre le paiement de la rente précédemment allouée, pour lui substituer le

paiement du demi-salaire et des frais médicaux et pharmaceutiques, en cas d'aggravation de l'infirmité et pendant la période de traitement nécessitée par cette aggravation.

La Chambre de Commerce de Paris a fait remarquer combien il serait imprudent et irrationnel d'entrer dans cette voie : si une modification se produit dans une blessure précédemment considérée comme consolidée, c'est bien plus souvent dans le sens d'une atténuation que d'une aggravation.

S'il peut se produire une demande de réduction de rente, il n'y a jamais de demandes en répétition : à plus forte raison ne doit-on pas autoriser de demandes de ce genre pour le cas opposé, qui est le moins fréquent. Au surplus, si on laissait entrevoir aux blessés la possibilité d'un retour, à titre provisoire, à une situation plus avantageuse que le régime de la rente, on offrirait une véritable prime aux simulateurs. Il doit suffire de signaler une conséquence aussi dangereuse, pour faire écarter la proposition Leboucq.

5º SALAIRE DE BASE DES APPRENTIS.

En cas d'accident survenu à un apprenti de moins de 16 ans, l'article 8 prend pour base de l'indemnité à allouer au blessé le salaire le plus bas des ouvriers valides de la même catégorie, employés dans l'entreprise.

M. Basly propose que l'indemnité soit basée, en pareil cas, sur le salaire *le plus bas* des ouvriers *majeurs*, alors que M. Defontaine propose le *salaire moyen* des ouvriers *majeurs*.

Le législateur de 1898 avait pensé — et nous le pensons encore avec lui — faire la part assez large à l'apprenti et escompter à son profit les chances d'avenir, en faisant échec au principe forfaitaire habituel. La Commission de la Chambre estime maintenant que cet avantage est devenu insuffisant et elle s'est prononcée en faveur de la proposition Basly.

Pour ce qui nous concerne, nous trouvons que c'est apporter un singulier remède à la crise actuelle de l'apprentissage d'aggraver, de ce fait, les charges du patronat. Comment admettre, en effet, que les chefs d'entreprise soient encouragés à former des apprentis, s'ils sont exposés à payer à ceux-ci, en cas d'accidents, des indemnités aussi fortes qu'à des ouvriers ayant atteint ou presque, leur pleine capacité professionnelle, comme les ouvriers majeurs ? Les résultats néfastes de la réglementation des heures de travail dans les usines, ateliers et manufactures, devraient cependant ouvrir les yeux du Parlement. En outre, la solution proposée devrait encore être étendue à tous les ouvriers mineurs de 21 ans, car elle aboutirait, dans le cas contraire, à une inégalité choquante : alors que l'ouvrier âgé de moins de 16 ans ou l'apprenti aurait droit à l'indemnité de l'ouvrier de 21 ans, l'ouvrier qui aurait atteint 16 ans et jusqu'à l'âge de 20 ans, ne recevrait que l'indemnité correspondant à son salaire réel, indemnité inférieure, en général, à celle de l'ouvrier majeur et aussi de l'apprenti.

Nous approuvons le législateur de 1898 d'avoir établi une exception à son principe au profit de l'apprenti, en lui faisant gravir un échelon professionnel pour la réparation à lui accorder dans un accident du travail ; mais il a jugé, avec raison, que là devait s'arrêter la faveur à lui attribuer, car il serait assurément dangereux de faire plus.

6° FACULTÉ DE RACHAT DES PETITES RENTES (ART. 21).

D'après l'art. 21 de la loi de 1898, modifié par la loi de 1905, les parties peuvent toujours, après détermination de l'indemnité par le juge, décider que la pension sera remplacée par tout autre mode de réparation, à condition que celle-ci ne soit pas supérieure à 100 fr., — et qu'il y ait accord entre les parties sur ce point.

MM. Lebrun et Grandjean ont demandé pour l'ouvrier seul la faculté de conversion des petites rentes, c'est-à-dire jusqu'à concurrence de 50 francs, maximum. A l'appui de leur proposition, ils ont fait valoir qu'il sera souvent plus intéressant pour l'ouvrier d'avoir à sa disposition un capital pouvant s'élever à un millier de francs qu'une pension trimestrielle de 12 fr. 50 maximum, dont le recouvrement, ont-ils prétendu, leur occasionne des frais de déplacement exagérés.

La faculté de rachat unilatérale présenterait le grave inconvénient de supprimer, pour le patron, le droit à la revision prévu par l'article 19 en cas d'amélioration de l'état du blessé. De plus, l'expérience a démontré — et la Commission l'a reconnu — que cette faculté de rachat, telle qu'elle s'exerce actuellement, c'est-à-dire après accord des parties, donne lieu à des abus nombreux, dont pâtissent les ouvriers victimes. Aussi, loin de demander avec la Commission une extension quelconque du rachat, nous serions tentés de proposer que, même à titre provisoire, même avec l'accord des parties, le rachat ne puisse avoir lieu qu'avec l'autorisation expresse du juge, cette nouvelle garantie tutélaire pour l'ouvrier nous paraissant la seule addition raisonnable au texte actuel de l'article 21.

II. — Frais d'hospitalisation

D'après le § 3 de l'article 4 de la loi, le chef d'entreprise est tenu de payer les frais d'hospitalisation de ses ouvriers, victimes d'accidents du travail, sans que, toutefois, le tarif de ces frais puisse jamais excéder 4 francs par jour pour Paris et 3 fr. 50 partout ailleurs.

L'Administration de l'Assistance publique de Paris ayant constaté que la dépense journalière d'hospitalisation lui revenait, de ce chef, à 5 fr. 75 par jour, le Conseil municipal de Paris a émis le vœu que le tarif ci-dessus soit porté de 4 francs à 5 fr. 75. C'est en s'inspirant de ce vœu, que le Gouvernement a déposé un projet de loi en vue de permettre aux hôpitaux parisiens de récupérer intégralement les dépenses que leur occasionnent les victimes d'accidents de travail.

Mais, ainsi que la remarque en a déjà été faite par la Chambre de Commerce de Paris, il a été démontré que, dans un hôpital privé, créé par une société d'assurances mutuelles, les frais d'hospitalisation des ouvriers blessés, même grièvement ne revenaient pas à plus de 4 francs par jour. Il résulte de cette comparaison que l'Administration de l'Assistance publique devrait être invitée à diminuer ses frais généraux, en adoptant les méthodes plus économiques employées dans les Sociétés privées. Mais il paraît inadmissible que le Gouvernement, au lieu de chercher à remédier à une gestion défectueuse de l'Administration, impose de nouvelles charges au patronat. En conséquence, nous demandons que le Parlement repousse le projet de loi tendant à augmenter le taux maximum des frais journaliers d'hospitalisation.

III. — Questions de procédure

1° CONDAMNATION AUX DÉPENS DES SALARIÉS OU DE LEURS PARENTS

M. Defontaine propose que, sauf le cas de faute intentionnelle de sa part, l'ouvrier ne puisse jamais être condamné aux dépens.

La Commission a judicieusement observé que l'adoption de l'amendement Defontaine encouragerait l'ouvrier à entreprendre des procès téméraires, qu'elle constituerait, dans certains cas, une violation des principes de justice et qu'en fait, les tribunaux partagent souvent les dépens. Il nous paraît donc indispensable que les dispositions actuelles soient maintenues et nous ne sommes pas d'avis de faire de distinction entre les diverses catégories de frais. Pour donner à l'ouvrier à réfléchir sur son action en justice, il est d'une saine moralité qu'il se sache à l'avance exposé à des conséquences pécuniaires, si ses prétentions sont reconnues par le tribunal non fondées ou seulement exagérées.

2° ASSISTANCE JUDICIAIRE EN CAUSE D'APPEL

D'après le texte primitif de la loi de 1898, le bénéfice de l'Assistance judiciaire n'était accordé de plein droit à la victime ou à ses ayants-droit que devant le juge de paix et devant le tribunal civil. La loi du 22 mars 1902 a étendu cette faveur à l'acte d'appel, afin d'éviter que la victime ne se trouve forclose pour interjeter appel, le délai nécessité par l'obtention de l'assistance judiciaire pouvant être supérieur au délai d'appel lui-même. Nous ne discuterons pas l'opportunité de cette modification, bien que la loi de 1902 ait précisément allongé elle-même le délai d'appel et l'ait porté de 15 à 30 jours.

Mais, MM. Basly, Defontaine et Leboucq demandent que, non-seulement pour l'acte introductif d'appel, mais encore pour toute la procédure devant la Cour, les ouvriers jouissent, de plein droit, de l'Assistance judiciaire, comme en première instance. Des amendements tendant au même but avaient déjà été déposés au cours de la discussion de la loi de 1902, mais n'avaient pas été adoptés : M. Mirman, alors rapporteur de la Commission de la Chambre, les avait combattus, en faisant remarquer que la loi de 1898 a limité l'office du juge par l'établissement d'un barème des indemnités ; que dans beaucoup de cas le tribunal de première instance n'avait qu'à appliquer automatiquement ce barème ; qu'étendre l'assistance judiciaire, de plein droit, à toute la procédure d'appel, ce serait favoriser l'esprit de chicane.

Ces raisons ne nous paraissent pas moins décisives aujourd'hui qu'en 1902. Aussi nous ne pouvons nous ranger à l'avis favorable, donné par la Commission d'Assurance et de Prévoyance sociales à l'amendement ci-dessus.

IV. — Protection des victimes d'accidents contre les entreprises des tiers

1º MESURES A PRENDRE CONTRE LES AGENTS D'AFFAIRES

Suivant la demande de MM. Basly et Leboucq, la Commission propose une rédaction plus rigoureuse des § 4 et 5 de l'article 30, modifié par la loi du 31 mars 1905, les précautions prises jusqu'ici par le législateur ne lui paraissant pas suffisantes pour protéger d'une façon efficace les victimes des accidents contre les agissements des agents d'affaires.

Voici, à ce propos, l'appréciation du rapporteur de la Commission :

« Il est certain que les agents d'affaires ont exploité et exploitent les ouvriers « victimes d'accidents ; ils leur vendent quelques renseignements élémentaires sur « l'application de la loi de 1898 et font semblant de suivre, à grands frais, une « procédure qui est d'ailleurs gratuite, moyennant l'abandon d'une fraction souvent « importante de l'indemnité escomptée.

« Il faut remédier à ce mal ».

Nous sommes entièrement d'accord avec la Commission sur ce point ; mais nous nous séparons d'elle lorsqu'elle propose, dans le même but de protection contre les tiers, le règlement de l'indemnité par la Caisse des Dépôts et Consignations. Cette modification entraînerait, croyons-nous, de nouvelles complications dont il convient de préserver l'ouvrier et nous craignons qu'en outre, elle n'atteigne pas son but, la plupart du temps.

2º PRÉCAUTIONS CONTRE LES SIMULATEURS ET LES FRAUDEURS

M. le sénateur Petitjean propose d'appliquer aux simulateurs et aux fraudeurs, ainsi qu'à leurs complices, les peines édictées par l'article 405 du code pénal pour punir l'escroquerie.

Le Parlement ne peut évidemment que souscrire à une proposition aussi raisonnable, dont l'application aura pour effet de garantir la bonne et saine application de la loi de 1898.

3º INTERDICTION POUR LES CHEFS D'ENTREPRISES D'ÊTRE LEURS PROPRES ASSUREURS OU DE FORMER ENTRE EUX DES SYNDICATS DE GARANTIE

M. Basly voudrait interdire aux chefs d'entreprises d'être leurs propres assureurs ou de former entre eux des syndicats de garantie.

La Commission a porté sur cet amendement le seul jugement qui convenait et que son rapporteur a résumé comme suit : « la proposition de M. Basly, en portant à la « liberté une atteinte grave, manquerait son but et serait inutile. Elle (la Commis- « sion) vous propose, en conséquence, de la rejeter ».

V. — Contrôle des avantages consentis au corps médical

Nous abordons, avec la question médicale, le point capital de la réforme à apporter à la législation sur les accidents du travail. Le médecin joue, en effet, un rôle de premier ordre dans l'application de la loi ; le certificat initial établi par lui dans les quatre jours de l'accident et transmis par le maire au juge de paix devient, pour celui-ci, le régulateur de la procédure, puisque suivant ses indications, il y aura lieu ou non à une enquête sur l'accident. C'est, en outre, sur ce certificat que sera basée la plupart du temps, l'indemnité à accorder à l'ouvrier.

La loi du 31 mars 1905 a décidé que « la victime peut toujours faire choix elle-même de son médecin et de son pharmacien » et elle ajoute que, dans ce cas, le chef d'entreprise n'est tenu aux frais de traitement que dans la mesure de ceux inscrits au tarif publié par arrêté ministériel. Elle dispose, en outre, qu'au cours du traitement le chef d'entreprise pourra désigner au juge de paix un médecin chargé de le renseigner sur l'état du blessé, cette désignation donnant audit médecin accès hebdomadaire auprès de la victime, en présence du médecin traitant, prévenu deux jours à l'avance par lettre recommandée.

Mais tout le monde reconnaît que cette nouvelle organisation des soins médicaux a engendré les plus graves abus et a complètement faussé l'application de la loi. Elle est assurément la cause principale de la progression anormale des accidents depuis cette époque, progression qui a des conséquences néfastes au point de vue économique et au point de vue social. « Elle a entraîné, dit M. Jouanny, une augmentation « rapide et inquiétante des frais de traitement et des indemnités qui incombent au « chef d'entreprise dont la moyenne des primes augmente chaque année. » Au point de vue social, elle a engendré « la démoralisation des travailleurs qui, sous l'in-« fluence de perfides conseillers, se laissent aller parfois aux simulations et souvent « aux exagérations, aux fraudes et aux mensonges, si bien que quelques-uns en « arrivent à ne chercher dans le bénéfice de la loi qu'un profit pécuniaire ». Ainsi que nous l'avons rappelé ci-dessus, il ne faut pas oublier non plus que la répercussion des lois sociales se fait sentir sur la classe ouvrière elle-même, en tant que consommateur et que, dans l'intérêt général de la collectivité ouvrière, il importe que la simulation et la fraude soient rigoureusement écartées et châtiées. Enfin, le corps médical lui-même, dont les représentants les plus nombreux sont restés soucieux de leur honorabilité professionnelle, s'est ému vivement des procédés pratiqués par certains collègues peu scrupuleux en matière d'accidents du travail (1). Il apparaît donc clairement que

---

(1) Voir rapport de M. le Docteur Pelisse au Syndicat Médical de Paris (Bulletin du 1er mars 1911). Parmi les moyens employés par certains médecins spécialistes des accidents du travail, dans leurs cliniques, « le plus « usuel, dit M. le Docteur Pelisse, consiste à donner à tout ouvrier blessé qui se présente à la clinique pour la « première fois une certaine somme d'argent, 5 fr. généralement ».

. . . .

« Un second moyen consiste à faire amener un ouvrier blessé par accident du travail à ladite clinique par « un tiers, auquel le Directeur de la clinique attribue une allocation. C'est le système du rabatteur. »

. . . .

N'avons-nous pas appris nous-mêmes récemment que dans la grande banlieue de Paris, c'est-à-dire dans un

dans l'intérêt bien compris de toutes les parties en cause, la réforme de la loi, au point de vue des soins médicaux, est devenue indispensable et urgente.

Il ne saurait être question de porter atteinte au principe du libre choix du médecin par la victime; mais ce qui est nécessaire tout d'abord, c'est que l'exercice du libre choix soit soumis à certaines garanties et cela, dès que l'accident vient de se produire, au moment même de la rédaction du certificat initial. La proposition Petit-jean, approuvée d'ailleurs pleinement par la Chambre de Commerce de Paris, donne-rait, croyons-nous, toute satisfaction à cet égard, M. Petitjean demande tout d'abord au certificat initial de « mentionner la nature des lésions, la nature probable des soins « et interventions, ainsi que leur périodicité », autrement dit plus de précision dans la rédaction du certificat qu'actuellement. En cas de libre choix, le chef d'entre-prise aura droit de se faire représenter par un médecin, lors de l'établissement de ce certificat. Cette garantie ne peut qu'être favorable à l'ouvrier aussi bien qu'au patron : ce dernier, qui supporte les frais de traitement du blessé, qui paie l'indemnité du demi-salaire, doit pouvoir exercer son contrôle immédiat sur la réalité de l'accident et le traitement à prévoir pour la blessure. Au surplus, il a intérêt à ce que l'ouvrier soit guéri et reprenne son travail le plus tôt possible. Pour le blessé lui-même, la présence et l'accord de deux médecins sur la nature des soins à lui donner, est aussi une sérieuse garantie. Mais nous estimons avec M. Petitjean que, si le chef d'entreprise doit pouvoir se faire représenter à la rédaction du certificat initial, ce doit être une faculté et non une obligation pour le patron, qui aura à apprécier s'il est préférable pour lui d'avoir à payer une double consultation, plutôt qu'une seule dans laquelle il n'aurait pas une confiance suffisante. A cet égard, diverses considérations sont à examiner, dont il faut le laisser seul juge : les circonstances de l'accident, la moralité de l'ouvrier blessé et même celle du médecin choisi par celui-ci, puisque l'expérience a démontré que ce dernier point n'était pas négligeable.

« Le médecin du chef d'entreprise aura accès au moins hebdomadairement auprès « de la victime, en présence du médecin traitant. A défaut d'accord entre les deux « médecins pour la fixation du jour et de l'heure des visites, le juge de paix, sur « simple requête de la partie la plus diligente, devra, dans les 24 heures, indiquer ces « jour et heure. »

Cette disposition serait excellente, car elle permettrait de suivre la nature du traitement pratiqué envers le blessé et, pour que les abus signalés ci-dessus ne se reproduisent plus, il serait indispensable que la rencontre des deux médecins eût lieu « soit au domicile de la victime, soit dans le lieu d'hospitalisation où elle serait « immobilisée ».

En ce qui concerne le « tarif des frais médicaux » actuels, dit tarif Dubief, il est nécessaire qu'il soit remplacé par un « tarif médical normal » à base dégressive, au

---

rayon de 30 à 40 et même 50 kilomètres, des ouvriers, sous prétexte qu'ils ont le libre choix de leur médecin, viennent à Paris se faire délivrer un certificat que, très vraisemblablement, ils n'auraient pas obtenu des docteurs de la région où ils travaillent. Comment, dans ces conditions, contrôler l'état exact du blessé, la nature de la blessure et ses conséquences, tant au point de vue du traitement que de la guérison ?

fur et à mesure de la prolongation du traitement, suivant la proposition faite par la Chambre de Commerce de Paris en 1909.

Mieux que des extensions injustifiées de la loi de 1898, qui en affaibliraient les principes essentiels, la réforme doit porter sur les avantages consentis au corps médical. Pour remédier à la situation actuelle que déplorent tous les esprits non prévenus, il faut instituer un contrôle plus rigoureux de ces avantages, il faut empêcher, dans toute la mesure du possible, que l'application de la loi soit faussée désormais. Des modifications s'inspirant principalement de la proposition de M. Petitjean nous ont semblé pouvoir remplir ce but. Il importe donc que le Parlement les prenne en considération et les sanctionne rapidement.

CONCLUSIONS

Sous le bénéfice des observations qui précèdent et après avoir adopté les motifs exposés dans le présent rapport, notamment en ce qui concerne les réformes demandées par M. le sénateur Petitjean à la législation actuelle sur les accidents du travail, votre Commission vous propose, Messieurs :

1° De demander au Gouvernement et au Parlement, pour qu'ils les sanctionnent, les rectifications suivantes au texte actuel de la loi du 9 avril 1898 :

1). — Rédiger comme suit, l'article 3, § 4 :

« Pour l'incapacité temporaire, à une indemnité journalière, sans distinction
« entre les jours ouvrables et les dimanches et jours fériés, égale à la moitié du salaire
« touché au moment de l'accident, si l'incapacité de travail a duré plus de quatre jours
« et à partir du cinquième jour. Dans le cas où le salaire serait variable, l'indemnité
« journalière est égale à la moitié du salaire moyen des jours de travail, pendant le
« mois qui a précédé l'accident. L'indemnité journalière est payable aux époques et
« lieu de paye usités dans l'entreprise, sans que l'intervalle puisse excéder seize jours.
« Les blessés devront se présenter en personne auxdits lieu et dates pour recevoir leur
« indemnité ; en cas d'impossibilité de se déplacer, dûment constatée par un certificat
« médical, l'indemnité sera adressée par mandat-carte au blessé. »

2). — Modifier comme suit, l'article 4, à partir du § 5 :

« Un certificat médical initial mentionnant la nature des lésions, la nature probable
« des soins et interventions et leur périodicité, devra être établi dans les conditions
« suivantes : dans le plus bref délai et au plus tard à l'issue de sa première visite, le
« médecin choisi par la victime devra informer le chef d'entreprise du moment où il
« établira le certificat et celui-ci devra, en réponse, faire connaître audit médecin s'il
« désigne un autre médecin ; dans l'affirmative, la visite des deux médecins aura lieu
« au domicile de la victime ou au lieu d'hospitalisation où elle aurait été transportée

« et, en cas d'accord des deux médecins, le certificat initial sera établi et signé par
« eux, séance tenante. A défaut de cet accord, le juge de paix, sur simple requête de
« la partie la plus diligente, ordonnera une expertise médicale qui devra avoir lieu
« dans les 48 heures. »

« Au cours du traitement, le médecin choisi par le blessé devra, tous les dix jours
« au moins, faire parvenir au chef d'entreprise un simple avis indiquant que le blessé
« est toujours en traitement ».

« Le médecin du chef d'entreprise aura accès au moins hebdomadairement auprès
« de la victime, en présence du médecin traitant, soit au domicile de la victime, soit
« dans le lieu d'hospitalisation où elle serait immobilisée. A défaut d'accord entre les
« deux médecins pour la fixation du jour et de l'heure des visites, le juge de paix, sur
« simple requête de la partie la plus diligente, devra, dans les vingt-quatre heures,
« indiquer ces jour et heure ».

« Si le médecin du chef d'entreprise certifie que la victime est en état de repren-
« dre son travail, contrairement à l'avis du médecin traitant, ou bien si les deux
« médecins ne sont par d'accord sur le traitement institué ou à instituer par la suite,
« le juge de paix, sur simple requête de la partie la plus diligente, ordonnera une
« expertise médicale qui devra avoir lieu dans les quarante-huit heures. Le juge de
« paix renverra d'office les parties à la plus prochaine audience après le dépôt du
« rapport. En cas d'incapacité permanente, s'il s'agit d'une contestation relative à la
« date de consolidation de la blessure, avant que le Président du Tribunal civil ait été
« saisi par la transmission de l'enquête du juge de paix, le chef d'entreprise peut, par
« simple requête présentée au Président du tribunal, provoquer une expertise pour
« fixer la date de la consolidation ».

« Les victimes d'accidents devront se prêter à la visite du médecin choisi par le
« chef d'entreprise dans les conditions indiquées aux paragraphes précédents. Les
« blessés devront suivre les traitements et accepter les hospitalisations dont la néces-
« sité aura été reconnue par les deux médecins ou, en cas de désaccord, par l'expert
« qu'aura désigné le juge de paix ou le Président du Tribunal civil, saisi par simple
« requête ».

« Si la victime se dérobe, soit par refus, soit par disparition à l'une des obligations
« résultant des paragraphes précédents, le juge, saisi par simple requête, devra la
« convoquer dans les quarante-huit heures par lettre recommandée. Si le blessé ne
« répond pas à cette convocation ou ne justifie pas, par un certificat médical, sa non
« comparution, le juge prononcera dès alors la suppression de l'indemnité journalière.
« Cette indemnité ne pourra être rétablie par le juge qu'à partir du jour où la victime
« se sera conformée aux dites obligations ».

« Ces décisions du juge seront rendues en dernier ressort et exécutoires nonobstant
opposition ».

(Le reste de l'article sans changement).

3). — Modifier ainsi le § 4 de l'article 2 :

« Sauf impossibilité matérielle, tout accident devra être déclaré dans le plus

« bref délai par le blessé au chef d'entreprise ou à son représentant qui devra, si le
« blessé en fait la demande, lui en donner récépissé ».

« 4). — Modifier ainsi l'article 30, § 4 et 5 :

« § 4. — Sont nulles de plein droit les obligations contractées pour rémunération
« de leurs services envers les intermédiaires qui se chargent d'assurer aux victimes
« ou à leurs ayants-droit le bénéfice des instances, ou des accords prévus aux articles
« 15, 16, 17 et 19 ».

« § 5. — Est passible d'une amende.....: 1° Tout intermédiaire convaincu d'avoir
« offert des services spécifiés à l'alinéa précédent ; 2° Tout intermédiaire convaincu
« d'avoir prélevé pour lesdits services une quote-part de l'indemnité de l'ouvrier ;
« 3° tout chef d'entreprise..... etc... ».

5). — Ajouter au même article 30, un § 6, ainsi conçu :

« § 6. — Sera punie, sous réserve de l'application de l'article 463 du Code pénal,
« des peines édictées par l'article 405 du même Code, toute personne qui aura simulé
« un accident ou toute victime d'un accident qui se sera fait délivrer l'indemnité
« journalière fixée par l'article 3, alors qu'elle a repris sa profession ou toute autre
« dans l'exercice de laquelle elle reçoit un salaire. Sera passible des mêmes peines
« quiconque se sera rendu ou aura tenté sciemment de se rendre complice de ces
« manœuvres ».

2° De demander au Gouvernement que le tarif actuel des frais médicaux, dit « tarif
Dubief » soit remplacé par un « tarif médical normal », à base dégressive au fur et à
mesure de la prolongation du traitement, suivant la proposition faite par la Chambre
de Commerce de Paris, dans son Rapport du 7 juillet 1909.

3° De demander au Gouvernement et au Parlement de repousser toutes les autres
propositions de modifications à la législation actuelle sur les accidents du travail.

Le présent Rapport a été adopté à l'unanimité par la Chambre Syndicale de la
Marine (Navigation Intérieure) et converti par elle en délibération, dans sa séance du
18 décembre 1911.

www.ingramcontent.com/pod-product-compliance
Lightning Source LLC
Chambersburg PA
CBHW060733280326
41933CB00013B/2625